CORRESPONDANCE
DRAMATIQUE
ENTRE
MM. MERCIER (de l'Institut),

CUBIÈRES PALMÉZEAUX,
Auteur dramatique,

Et M. SIMON, Avocat, et Secrétaire du Comité de Lecture du théâtre de l'Odéon
(ou de l'Impératrice.)

Ne sutor ultra Crepidam.

A PARIS,

Chez { HUZARD, Imprimeur, rue des Fossés Saint-Jacques, N° 4, près le Panthéon.
Et chez tous les Marchands de Nouveautés.

1810.

CORRESPONDANCE DRAMATIQUE.

PREMIÈRE LETTRE.

Paris, 23 Décembre 1809.

A M. le Directeur GOBERT.

Monsieur,

LE 19 de ce mois, à 9 heures du soir, M. Mercier, de l'Institut, votre parent et mon ancien ami, ayant proposé de faire jouer le 17 Février prochain, jour de l'anniversaire de la mort de Molière, la pièce dudit M. Mercier, intitulée : la *Maison de Molière*, et une pièce de moi, en trois actes, en vers, intitulée : *la Mort de Molière*. Notre projet a paru vous plaire, et d'après votre politesse accoutumée, vous nous avez dit à ce sujet des choses fort agréables. Nous avons acheté des exemplaires de nos pièces, M. Mercier et moi : M. Mercier et moi en avons parlé à deux acteurs de l'Odéon, très-estimables,

A

MM. *Chazet* et *Perroud* : ces Messieurs ont donné nos deux pièces à lire à un Comité secret, dont personne ne connoit les membres, et que par conséquent nous n'avons pas l'honneur de connaître ; les Membres de ce comité n'ont pas voulu faire ce que vous avez résolu, et c'est à vous, à vous seul que M. Mercier et moi adressons nos justes plaintes.

Nos deux pièces ont été reçues et représentées au Théâtre Français ; de quel droit votre comité secret veut-il en savoir plus que le premier théâtre de la Nation ? de quel droit veut-il vous empêcher de faire ce qui vous est agréable ? nous prenons vos intérêts, Monsieur, en défendant les nôtres.

Nos deux ouvrages sont connus, ils ont été joués à Paris, dans les Départements et dans les Pays étrangers ; ils sont à la louange du plus grand Auteur dramatique que la France ait produit, de l'immortel Molière, et nous espérons que vous voudrez bien nous venger de votre comité secret en faisant jouer nos deux pièces.

Salut et considération.

Signés : COBIÈRES-PALMÉZEAUX.

MERCIER, de l'Institut.

SECONDE LETTRE.

Paris, 27 Décembre 1809.

A Monsieur Cubières-Palmézeaux.

Monsieur,

Il n'existe point de comité secret au Théâtre de l'Odéon, mais il y a à ce Théâtre un comité composé d'hommes de lettres. Il entend une fois par semaine, les pièces nouvelles, qui sont en tour, pour y être lues; tout littérateur connu, sans examen préalable, a le droit d'y lire ses productions, en se faisant inscrire d'avance pour éviter les passe-droits.

Le comité ne prononce pas sur le rejet ou l'admission des ouvrages précédemment joués sur d'autres Théâtres, cela regarde uniquement l'Administration, qui consulte son intérêt, et qui est indépendante dans tout ce qui peut y tenir à cet égard comme en tout.

M. Chazel a remis au bureau du comité un exemplaire de votre pièce; on ne l'y a point lue, puisque l'on n'avait point à prononcer sur son mérite : n'en voulez donc point à ce pauvre comité, qui n'a aucun tort envers vous ni envers M. Mercier; on n'a pas besoin de soumettre au jugement du comité, ni *la Maison*, ni *la Mort de Molière*, puisqu'il ne peut ni les faire représenter, ni s'opposer à ce qu'elles le soient.

J'ai cru vous devoir cette explication pour faire cesser des inculpations sans fondement.

M. Gobert, pour faire ce que nous disions, n'a besoin que de consulter ses acteurs, et s'ils peuvent monter ces deux ouvrages sans interrompre l'étude des pièces nouvelles, il se fera un plaisir de vous obliger.

J'ai l'honneur d'être avec une parfaite considération, Monsieur,

Votre très-humble et très-obéissant Serviteur

Signé *DUMANIANT*.

TROISIEME LETTRE.

Paris, ce 29 Décembre 1809.

A M. Dumaniant.

Monsieur,

J'ai communiqué à M. Mercier, notre ancien ami, la lettre que vous m'avez fait l'honneur de m'écrire, il en a été content ainsi que moi, nous sommes lui et moi les amis d'une liberté sage et surtout de la liberté des Théâtres. Lorsqu'on a mis des obstacles à la représentation de votre intéressant *Hugo-Grotius*, vous n'avez pas été satisfait, nous n'avons pas dû l'être ; lorsque nous avons cru qu'il existait un *comité secret* qui s'opposait à la représentation de nos deux pièces, *la Maison* et *la Mort de Molière*, votre lettre, honnête et polie, a dissipé notre erreur.

Vous êtes un véritable homme de lettres, un bon auteur dramatique, vous devez voir avec plaisir l'hommage que nous voulons rendre au créateur de la comédie en France, à notre père, à notre maitre.

J'ai consulté plusieurs acteurs de l'Odéon, sur ce projet, ils partagent notre zèle, notre enthousiasme, notre admiration, et je crois que de ce côté, il n'y aura point d'obstacles; je vous prie toutefois d'observer que nous ne voulons prendre *le tour* de personne, et nous serons reconnaissants, si M. Gobert et vous, voulez bien arranger les choses de manière que personne n'ait à se plaindre; nous desirerions surtout que les deux pièces fussent jouées ensemble ou séparément à la fin de Février ou de Mars prochain, époque voisine de l'anniversaire de la mort du grand homme. Je serais charmé cependant d'avoir avec vous ou avec M. Gobert, une conversation particulière, pour la distribution des rôles.

Salut et considération.

COBIÈRES-PALMÉZEAUX.

QUATRIEME LETTRE.

Paris, 12 Janvier 1810.

A M. Cubières-Palmézeaux.

Monsieur,

Un Auteur qui devait lire hier une pièce à l'assemblée du comité de lecture de l'administration du Théâtre de l'Impératrice, ne s'y étant point présenté, M. Naudet, l'un des Membres, a proposé de nous faire entendre un de vos ouvrages, intitulé : *la Mort de Molière*, en trois actes et en vers, suivie de son Apothéose, également en vers, et en un acte ; le nom de Palmézeaux et la célébrité de celui qui le porte, était d'avance un garant assuré de l'assentiment général des auditeurs ; aussi la proposition a-t-elle été favorablement accueillie, la lecture a eu lieu de suite, et c'est comme désigné parmi les membres qui composent le comité pour y tenir la plume, que j'ai eu ce moment la faveur de vous écrire et de vous annoncer que votre pièce a été entendue avec plaisir, mais qu'il nous a paru de toute impossibilité de la recevoir, autrement qu'à la charge par vous d'y faire de grands changemens, sur-tout dans les deux derniers actes bien inférieurs au premier ; les personnages en sont trop épisodiques, ils ne servent, pour la plupart, qu'à distraire

distraire l'attention, ou à ralentir l'intérêt que l'on porte au personnage principal : le rôle de Baron, n'a pas toujours le caractère noble et fier qui lui convient; Molière est par fois emphatique ; le dénouement de la pièce est trop brusque : il y auroit encore d'autres observations à vous faire, mais qui dépendent absolument du parti que vous prendrez à l'égard d'un ouvrage que vous avez déjà fait imprimer, et même représenter à Paris.

Permettez-moi de me féliciter en mon particulier d'une occasion qui me procure l'avantage de correspondre un instant avec un littérateur aimable, que je sais être aussi un excellent F. M.

Je suis avec la plus parfaite estime et P∴ L∴ N∴ M∴ Q∴ V∴ S∴ C∴ T∴ C∴ F∴,

Votre très-affectionné serviteur et F∴.

Signé SIMON, ancien Avocat.

P. S. Je suis passé hier à l'issue du comité chez vous pour vous voir et vous faire part verbalement de l'arrêté de l'administration ; mais votre concierge que j'ai trouvé couché, m'a dit que vous ne rentriez qu'à six heures pour dîner.

B

CINQUIEME LETTRE.

Paris, 13 Janvier 1810.

Première réponse à M. Simon.

Monsieur et très-cher Frère,

Ma pièce intitulée : *la Mort de Molière*, n'est pas très bonne, je le sais, mais cette pièce, telle qu'elle est, a été reçue par Messieurs les Comédiens Français, et telle qu'elle est elle a été imprimée deux fois et représentée, telle qu'elle est, sur tous les théâtres des départements de l'empire. J'ai donc la faveur de vous annoncer formellement que je ne veux pas y changer un mot; je vous le répète, je ne veux pas changer un mot à ma pièce. Ma pièce est un hommage rendu au fondateur de la comédie de France, à l'immortel Molière, et le nom de Molière doit porter nécessairement le nom obscur de *Palmézeaux* : M. Dumaniant m'a fait l'honneur de m'écrire qu'il n'y avoit point de comité au théâtre de l'Impératrice pour juger les pièces imprimées, et vous me prouvez qu'il s'est trompé : vous vous êtes trompé vous même en croyant que je refondrois ma pauvre pièce : vous et Monsieur Naudet, avez eu de bonnes intentions, dont je vous remercie, mais j'ai près de soixante ans, et ce n'est pas à mon âge qu'on se réforme ; vous avez lu l'art poëtique d'Horace, et vous savez qu'on fait quelquefois plus mal en voulant mieux faire : il m'importe fort peu au surplus que ma pièce soit représentée ou non au théâtre de l'Impératrice : mais ce qui m'importe, c'est qu'il n'y ait point au théâtre de l'Impératrice, un comité jugeur qui prononce despotiquement sur les pièces de théâtre, et qui au lieu d'encourager les auteurs dramatiques les décourage entièrement. Je ne connois qu'un juge de pièces de théâtre, c'est le Public, et le Public est rarement d'accord avec un comité qui juge, et qui juge clandestinement et en l'absence des Auteurs. Ce n'est pas pour vous ni pour Messieurs Nandet, et Dumaniant que j'écris ces lignes, je le écris pour les progrès de l'art dramatique que je regarde comme perdu, si des hommes froids et méthodiques portent les ciseaux de la censure sur les productions du génie. Vous portez un nom très-connu dans les arts et dans les lettres, car je connois plusieurs Simons extrêmement célèbres, et quoique je vous doive beaucoup de reconnoissance pour la lettre polie et honnête que vous m'avez fait l'honneur de m'écrire, je suis extrêmement affligé que vous ayez été l'organe d'un comité dont je respecte les membres individuellement, mais qui, s'il continue ses jugements aussi ridicules qu'injustes, finira par faire fermer le théâtre de l'Impératrice.

Vous trouverez peut-être que je vous parle avec trop de franchise, mais puisque vous me louez d'être Franc-Maçon, je dois être franc avec vous, car vous êtes un frère que j'estime et que j'honore. Permettez-moi donc de tout vous dire: votre lettre prouve que vous êtes l'organe d'un comité burlesque, dont tout le monde se moque; et la mienne, si vous consultez nos frères, vous prouvera que je suis relativement à ce comité, l'organe de l'opinion publique.

Hé quoi! Napoléon le Grand, notre auguste Empereur, aura détruit l'inquisition en Espagne, et il existe dans un petit coin du faubourg St-Germain, un comité inquisitorial, qui voudra couper les ailes à la pensée; je vous prie d'y réfléchir, Monsieur, et de vouloir bien lire ma lettre à ce comité, que je crois composé d'honnêtes gens, mais qui joue un rôle souverainement déplacé, un rôle infiniment plus déplacé que celui du jeune Baron, élève et ami de Molière, qu'il s'avise de critiquer.

C'est sous les yeux de M. Mercier, de l'institut, mon très-ancien ami, que je vous écris cette lettre; M. Mercier est entièrement de mon avis. J'ai remis à M. Valville, Régisseur de l'administration du théâtre de l'Impératrice, sa pièce intitulée : *la Maison de Molière*, il a signé l'exemplaire, et ne veut pas qu'on y change *un seul mot*, il m'a dit que nos intérêts étoient les mêmes, qu'il faisoit cause commune avec moi, et qu'il vouloit que les deux pièces de la Maison de Molière et de la Mort de Molière, fussent représentées ensemble, non le même jour, si les embarras de l'administration ne le permettent pas, mais à l'époque de la mort de Molière, c'est-à-dire à la fin de Février ou au commencement de Mars. Quant à la *Mort de Molière*, je ne demande pas qu'on joue l'apothéose ou le quatrième acte, mais je demande que les trois actes soient représentés tels que je les ai publiés, et tels que vous avez eu la bonté de les lire à votre grand comité de lecture de l'administration du théâtre de sa majesté l'Impératrice.

Ma lettre étant plus littéraire que maçonique, permettez, Monsieur, que je me dise littérairement, civilement, respectueusement, et sans maçonique abréviation.

Votre très-humble et très-obéissant serviteur et dévoué frère.

CUBIÈRES-PALMÉZEAUX.

SIXIEME LETTRE.

Paris, ce 19 Janvier 1810.

A M. Cubières-Palmézeaux.

Monsieur,

Je tiens en ce moment entre les mains une lettre signée de vous, datée du 17 courant, et adressée à Monsieur Dumaniant, homme de lettres, à son domicile, par laquelle vous lui annoncez en tête, que les deux pièces de la Maison de Molière, et la Mort de Molière, étant approuvées par le comité de lecture, rien ne peut plus en empêcher la représentation, et qu'en conséquence, il peut en faire copier et distribuer les rôles; certainement, Monsieur, si vous eussiez écrit cette lettre avant d'avoir reçu la mienne, datée du 12 courant, dans laquelle je vous faisois part de l'arrêté pris la veille, par lequel le comité refusait votre pièce dans l'état où elle était, et pour les causes dont je vous donnais le détail, je ne dirais rien : mais chercher sciemment à induire en erreur l'administration en faisant tenir au comité dans votre lettre sus-énoncée du 18 un langage entièrement opposé à ce qui est écrit en marge du registre de ses délibérations, et dès le 11 du mois, c'est s'exposer à un démenti formel. Ce procédé peu franc, me donne le droit incontestable de me plaindre de vous avec d'autant plus de raison, que vous m'exposiez de la part de Messieurs les administrateurs de l'Odéon, à des reproches d'infidélité dans ma correspondance avec les Auteurs.

Heureusement pour moi, qu'il m'a suffi, pour les désabuser, de les prier de lire ma lettre du 12 : je vous somme, Monsieur, de me la représenter, j'espère que vous ne me refuserez pas et que vous serez convaincu que ce n'est point une grâce, mais un acte de justice que je vous demande, et que j'ai droit d'attendre de vous.

Je vous prie de me croire avec les sentimens les plus distingués, Monsieur, Votre humble et très-dévoué serviteur. SIMON, Avocat, membre et secrétaire du comité de lecture de l'Odéon, rue Guénégaud, N°. 17, à Paris.

SEPTIÈME LETTRE.

Paris, le 21 Janvier 1810.

Seconde réponse à M. Simon, Avocat.

Monsieur,

Vous m'avez fait l'honneur de venir chez moi le 12 Janvier dernier, et ne m'ayant pas trouvé, vous m'avez fait l'honneur de me laisser une lettre par laquelle vous m'annoncez que le comité de lecture du théâtre de l'Odéon a entendu avec plaisir ma pièce en trois actes en vers, intitulée : *la Mort de Molière*; j'ai eu l'honneur de vous répondre par la lettre ci-dessus intitulée : *première réponse à M. Simon*; mais voulant avoir l'honneur de vous rendre votre visite, je ne vous ai point envoyé cette lettre par la poste, et j'ai eu l'honneur de vous l'apporter moi-même à votre domicile, rue Guénégaud, N° 17. Que dis-je ? j'ai eu l'honneur de vous lire cette lettre, et vous m'avez dit avec effroi, après l'avoir entendue, ah ! Monsieur, ne m'envoyez pas cette lettre à mon domicile, on croirait que je suis d'accord avec vous pour renverser le comité de lecture. Envoyez-moi cette lettre au comité de lecture de l'Odéon : à M. Simon, avocat, membre et secrétaire du comité de lecture de l'Odéon. Mais, Monsieur, ai-je eu l'honneur de vous dire : il y a donc deux personnes en vous. Vous êtes donc avocat et secrétaire? — Oui ! Monsieur, ici rue Guénégaud je suis avocat, et à l'Odéon je suis secrétaire. — J'en suis charmé pour vous, Monsieur, vous me rappellez un vers charmant du Philosophe marié de Destouches :

Ici je suis garçon, là, je suis marié.

Vers que votre comité de lecture aurait supprimé sans doute, car être tout à la fois marié et garçon est la chose la plus indécente qu'il y ait au monde; au surplus, m'avez vous ajouté : le comité de lecture ne peut pas empêcher une pièce d'être représentée, c'est l'administration qui fait tout, et puisque vous et M. Mercier ne voulez pas faire les corrections qui vous ont été indiquées par le comité de lecture, ce comité de lecture est censé approuver tacitement vos deux pièces la Maison de Molière, de M. Mercier, et votre Mort de Molière, et l'administration de l'Odéon les fera avec plaisir représenter l'une et l'autre.

D'après ce discours, Monsieur, j'ai écrit à M. Dumaniant, pour le prier de faire copier et distribuer les rôles de nos deux pièces.

pièces. Cette lettre à M. Dumaniant, quoique très-polie, vous a plus effrayé encore que ma première lettre. Vous aviez eu peur du comité de lecture, et maintenant vous avez peur de l'administration. Eh! pourquoi, Monsieur, avoir peur à la fois de l'un et de l'autre?

Ce qu'on appelle l'administration de l'Odéon est composé de personnes très-honnêtes, qui n'ont jamais fait de mal à personne et qui ne vous en feront pas à vous, quoique vous vouliez en faire à ce que vous appelez *les Auteurs*. Je vois en tête de cette administration M. Alexandre Duval, auteur dramatique très-célèbre, quoiqu'il n'ait jamais passé par la filière de votre comité de lecture; j'y vois M. Gobert, homme obligeant, sensible, peu intéressé, et qui pénétré d'amour et de respect pour l'art dramatique, le premier de tous les arts en France, casse tous les matins les burlesques décrets de votre comité de lecture. J'y vois M. Dumaniant, homme de lettres distingué, bon écrivain en vers et en prose, et qui, dans ses comédies imitées de l'espagnol, a quelquefois embelli Calderon et Augustin Moreto. Je ne parle point des acteurs et actrices de l'Odéon, sans lesquels l'administration ne pourroit rien faire. Je ne vous parlerai point de Madame d'Acosta, de Madame Julie Molé, qui est admirable dans ce qu'on appelle les rôles de caractère, qui par la franchise de son jeu, fait oublier Madame Drouin, jadis si célèbre, et qui joint au talent de bien juger une pièce, celui de la bien juger,

C

puisqu'elle a mieux arrangé que votre comité de lecture la piece de *Misantropie et Repentir*. Pourquoi n'est-elle donc pas du comité de lecture? Je voulais m'écarter du comité de lecture, et j'y reviens malgré moi.

Répondez-moi, monsieur Simon, secrétaire et avocat ou avocat et secrétaire; pourquoi avez-vous eu peur de l'administration et du comité de lecture? Ciceron ne craignoit point Catilina, il ne craignoit ni Verrès ni Antoine, et vous qui êtes avocat aussi habile que Ciceron, vous craignez un comité de lecture! permettez-moi de dissiper vos frayeurs.

Dites-moi donc d'abord ce que c'est que ce comité de lecture? Est-ce un comité de sûreté générale? Non, assurément, car il n'a jamais fait arrêter ni emprisonner personne. Est-ce un comité de salut public? bien moins encore. Est-ce un comité des postes? des droits réunis? Rien de tout cela.

Qu'est-ce donc que ce comité invisible et inconcevable autant que la divinité? Comme vous en êtes membre, votre modestie vous empêche de le dire. Eh! bien, monsieur le membre secrétaire, moi je vais penser tout haut avec vous, puisque vous vous obstinez à vous taire. Plusieurs personnes m'ont dit que le comité de lecture étoit composé de personnes très-honnêtes qui jugeaient très-innocemment les pieces de théâtre qu'on leur présentoit, qui souvent rejettoient les bonnes et acceptoient les mauvaises, qui moins souvent rejettoient les mauvaises et acceptoient les bonnes, ce qui rentre parfaitement dans le système des compensations du célèbre M. Azaïs, que les journaux ont tant prôné et tant décrié, dernièrement.

On m'a dit que les membres de votre comité, obligés quelquefois de se lever grand matin pour juger les comédies, dormoient quelquefois à l'audience dramatique, et qu'ils ne jugaient pas moins bien pour cela. Des gens qui dorment à l'audience et qui passent pour aimer le bon vin, auroient-ils dû vous inspirer la moindre crainte? Ignorez-vous le vers de la Harpe qui a dit, en parlant de Fréron :

Je n'ai jamais pensé qu'un buveur fut méchant.

Quant aux dormeurs, ils le sont moins encore. J'ai connu des gens qui dormoient à vos plaidoyers, et qui étoient les meilleurs gens du monde, qui vous admiroient sans vous entendre, et qui, certes, avoient bien raison. J'ai dormi quelquefois moi-même aux pieces approuvées par le comité de lecture, et certes j'avois grand tort. Pour les admirer j'aurois dû les entendre. Quant à la passion du vin, passion abominable et funeste, observez, je vous prie, monsieur l'avocat, qu'il ne faut pas confondre les ivrognes avec les buveurs : j'aime à croire que les membres de votre comité sont des buveurs aimables, mais je ne pense pas qu'ils soient des ivrognes.

Mais vous me parlez dans votre seconde Lettre *d'un registre des délibérations*. Un REGISTRE DES DÉLIBÉRATIONS! malepeste ! ceci devient très-sérieux. Je sais qu'on délibère dans les comités du gouvernement, et qu'on délibère très-bien : mais un comité de lecture comique qui délibère ! Il faut y prendre garde. Vous avez craint sans doute qu'on ne consignât sur ce *Registre*, la conversation que vous avez eue avec un profane tel que moi le 16 janvier dernier : vous avez craint qu'on n'y consignât la première lettre extrêmement polie que vous m'avez fait l'honneur de m'écrire, et le tourment du remord qui agite les criminels a pesé nuit et jour sur votre âme, quoique vous soyez le plus honnête homme du monde. Vous avez craint en un mot d'être dénoncé à un comité paisible qui n'a jamais dénoncé personne ; et pourquoi craindre toujours, monsieur Simon ? Tâchez d'être Simon le magicien et vous ne craindrez plus personne.

Je crains Dieu, cher Abner, & n'ai point d'autre crainte.

a dit Racine dans Athalie. Voilà ma religion depuis que j'existe. Pourquoi n'est-elle pas la vôtre ? Pourquoi craindre d'ailleurs un comité de lecture et un *Registre des délibérations* qui n'eut jamais force de loi, et dont M. Gobert, président de Cassation, peut d'un seul mot biffer tous les arrêtés. Pourquoi enfin avoir l'air de retourner ainsi le vers de Racine ?

Je crains toi †, Palmézeaux, & n'ai point d'autre crainte.

Homère fait rire les dieux et les déesses d'un

rire inextinguible au sujet de la fâcheuse aventure arrivée à Vulcain, aventure que vous connoissez peut-être. je dis *peut-être* parce que messieurs les avocats ne connoissent pas toujours MM. les poëtes. Eh ! bien, M. Mercier, et moi, quoique nous ne soyons point des dieux, avons ri d'un rire inextinguible au sujet de votre régistre des délibérations, et surtout au sujet de la crainte universelle que vous avez sur tous les petits évènements de la vie, évènements qui arrivent aux princes de tous les pays aussi bien qu'à Messieurs les avocats.

Qu'il doit y avoir de belles choses sur votre énorme régistre des délibérations ! ce régistre doit mieux valoir que toute l'Illiade : pourquoi ne le faites-vous pas imprimer, monsieur le Secrétaire ?

Mais quittons la plaisanterie, et tâchons d'écrire et de parler sérieusement dans une cause aussi peu sérieuse. Vous me faites l'honneur de me dire, monsieur, dans votre lettre en date du 19 Janvier 1810, et imprimée ci-dessus, que le comité de lecture de l'Odéon refusait ma pièce dans l'état où elle était, et vous avez eu grand soin de souligner le mot *refusait*, afin que j'y fisse une grande attention. Mais de quel droit le comité de lecture refuse-t-il ma pièce, moi qui ne me suis point adressé à lui pour la faire recevoir ? On ne refuse que les gens qui demandent quelque chose, et dieu merci je n'ai jamais rien demandé à votre comité de lecture ; d'ailleurs je n'ai pas l'honneur d'en connaître les membres je vous le répète. Rappellez-vous donc ce vers de Zaïre :

> On ne peut desirer ce qu'on ne connait pas.

et permettez que je le parodie de la sorte :

> On ne peut implorer ceux qu'on ne connoit pas.

Mirabeau écrivit un jour à Beaumarchais, *retirez votre insolente estime* : je ne vous dirai point, monsieur, *retirez votre insolent refus*, mais je ferai une supposition qui expliquera beaucoup mieux ma pensée.

J'ai une cause très importante à faire plaider au tribunal de première instance de Paris, plusieurs personnes viennent chez moi et me disent : il n'y a pas au barreau de Paris un avocat plus habile que M. Simon, demeurant rue Guénégaud, N° 17 : M. Simon, réunit à la connoissance des antiques lois la connoissance des lois nouvelles, il a lu le code et le digeste même, Cujas et Barthole, et sait par cœur le nouveau code civil ; il vous fera gagner votre cause : je réponds à cela modestement.

Mesdames et Messieurs, je crois bien que M. Simon, est l'aigle du barreau ; je crois bien que Cicéron et Démosthène n'étaient auprès de lui que de petits garçons ; je crois que Gerbier parlait moins bien que lui, et qu'il écrit mieux que Linguet, quoique je ne connaisse, de ses nombreux ouvrages, que les deux lettres qu'il m'a écrites, il est possible aussi qu'il surpasse de la Malle au civil, et Chauveau-Lagarde au criminel ; mais je ne veux point de lui pour plaider ma cause: M. Simon ira-t-il dire, d'après cela, qu'il a refusé de plaider pour moi, et parce que je l'ai refusé moi, malgré tout son talent, pourra-t-il dire qu'il a décliné ma juridiction, parce que j'ai décliné la sienne? N'en est-il pas de même du comité de lecture? Je n'ai fait aucune demande à cet illustre comité, et cet illustre comité me refuse! *Risum teneatis amici.*

Mais je vois bien pourquoi M. Simon tient si fort à cet illustre comité de lecture, et je vais, messieurs et mesdames, vous en dire la raison en peu de mots. On joue depuis quelques jours au théâtre de l'Odéon une comédie charmante de M. Picard, intitulée: *l'Alcade de Molorido;* il y a dans cette pièce un Secrétaire disgracié qui dit en parlant de Tenorio, nouveau Secrétaire: *depuis que Tenorio s'en mêle, je ne suis plus rien.* C'est monsieur Valville qui dit cette phrase avec beaucoup de finesse, et monsieur Simon craint que cette phrase ne soit prophétique, et monsieur Simon craint de n'être plus rien dans ce bas monde, pas même Secrétaire du comité de lecture; peut-être même craint-il que le bon monsieur Valville ne lui coupe l'herbe sous le pied, en se faisant nommer Secrétaire à sa place. Or, jugez, mesdames et messieurs, quel malheur ce seroit pour la France entière et pour l'Europe même, si monsieur Simon n'était plus rien. Eh! rassurez-vous, monsieur Simon, ne seriez-vous pas toujours avocat si vous n'étiez plus secrétaire? Mais quoi! messieurs et mesdames, vous riez du rire inextinguible d'Homère, dont j'ai parlé plus haut, cela n'est pas bien, et je vais faire tous mes efforts pour parler à monsieur Simon avec la majesté, la dignité et la gravité qui lui conviennent.

Eh! quoi, monsieur, vous qui connaissez si bien la dignité de la profession d'Avocat, puisque vous êtes un Avocat célèbre, vous qui savez que l'Avocat est fier et glorieux de défendre même gratuitement le pauvre, la veuve, l'orphelin et surtout l'*opprimé*. Vous qui, en votre qualité d'Avocat, pourriez défendre au barreau l'opprimé, l'orphelin, la veuve et le pauvre; vous qui pourriez vous charger de causes brillantes et difficiles qui vous rendroient immortel, vous passez vos matinées dans un obscur comité de lecture, pour y faire, quoi? pour y opprimer de pauvres auteurs, et pour y affliger leur amour propre au sujet de quelques misérables hémistiches. Je dis les *pauvres Auteurs*, car vous ne daignez pas même les appeler *Messieurs* dans votre seconde lettre, qualification que vous donnez à tout le monde, excepté à nous. Que dis-je, vous consignez vos burlesques arrêtés contre nous sur un registre des délibérations! mais où est-il votre *Registre des délibérations*? N'est-ce pas au Palais qu'il est? N'est-ce pas au palais de Justice qu'il doit être? N'est-ce pas au Tribunal de première instance? à la Cour d'appel? à la Cour

Cour de justice criminelle ? Vous pourriez par eux, *palam populo*, sauver d'illustres innocents, et vous persécutez sourdement des hommes justes et paisibles. Vous préférez le comité de Thalie au temple auguste de Thémis ! Ici vous pourriez vous couvrir de gloire, et là, vous vous affublez de ridicules. Que diroit monsieur le premier président s'il connaissait votre conduite ? Croyez-vous qu'il ne vous ferait pas une mercuriale à la Daguesseau, et pensez-vous que vous ne pourriez pas être rayé du tableau des *Avocats*, supposé que vous puissiez l'être, pour n'être plus que *Secrétaire* ?

Mais pardon, monsieur, je ne vous parle que dans mon sens, et je m'apperçois que je m'égare ; je dois vous parler dans le vôtre pour retrouver le vrai chemin. Vous me *sommez*, dans votre seconde lettre, de vous rendre la première que vous m'avez écrite. Vous me sommez ! ici vous n'écrivez plus en *Avocat* mais en *Huissier*, car il n'y a que les huissiers qui somment ou qui fassent des sommations. Ne seriez-vous point fâché ou plutôt las d'être Avocat, monsieur Simon, pour avoir le suprême honneur de devenir Huissier...? Vous avez de l'ambition, petit rusé ! Non content d'être Secrétaire et Avocat, vous voulez encore être Huissier. Eh ! quoi, trois dignités accumulées sur une même tête ! Je suis et j'ai toujours été modeste, me direz-vous. Je veux bien le croire, monsieur ; cependant, vous connaissez les maximes du barreau *verb*.

D

volent, *scripta manent*, et vous descendez des hauteurs de la tribune aux harangues pour me sommer dans votre seconde lettre de vous rendre votre première lettre. Je ne vois qu'un moyen, monsieur Simon, d'expliquer tout cela en votre honneur et gloire. Vous avez vu la tragédie de *Cinna*, et vous vous rappelez ce vers sublime de Corneille.

Et monté jusqu'au faîte il aspire à descendre.

Fatigué des honneurs qu'on vous a rendus au barreau comme Avocat, vous aspirez à descendre à la profession d'huissier. Ce sont là vos invalides quoique vous soyez encore fort jeune. Vous voyez que j'avais raison de croire à votre modestie.

Vous m'avez parlé en Avocat, en Secrétaire, en Huissier même, moi qui ne suis revêtu d'aucune de ces dignités, moi qui ne suis qu'un pauvre auteur dramatique très-obscur, permettez que je réponde dramatiquement à votre sommation judiciaire. Vous connaissez toutes les loix du barreau, et je n'ai, moi, que la routine du théâtre. Or, lorsque deux amans se brouillent dans une comédie, et qu'ils se demandent lettres et portraits, ces demandes là n'ont jamais un succès véritable de part ni d'autre. Vous n'êtes point une jolie femme, monsieur Simon, et si vous m'aviez donné votre portrait, je vous le rendrais sur-le-champ avec un plaisir extrême, mais votre lettre est une chose si précieuse, que je ne puis pas vous la remettre.

J'en ai reçu dans ma jeunesse quelques-unes de Voltaire, de Buffon, de Dorat, de Lemière, etc., et j'ai mis la vôtre à côté de celles de ces grands hommes. Je pense qu'elles pâliront à votre aspect, et je pense qu'elles n'auront pas tort, car vous êtes, je l'avoue, un homme rempli d'honneur et de probité : mais vous n'êtes pas gai quand vous écrivez aux auteurs dramatiques, et depuis que vous m'avez *sommé*, je pense voir en vous l'huissier de Beaumarchais qui vient toujours chez les gens *la plume fichée dans la perruque*. De quoi vous plaindriez-vous au surplus? j'ai l'honneur de vous envoyer votre lettre par la voie de l'impression, et c'est un chef-d'œuvre qui vous immortalisera autant que vos arrêtés pris au comité de lecture et inscrits sur le registre de vos délibérations.

J'ai beau vouloir ne plus parler du comité de lecture, j'y reviens toujours malgré moi ; mille et mille pardons, monsieur Simon ! Mais j'ai vu hier un des meilleurs acteurs de l'Odéon, qui m'a dit sans la moindre humeur : « Laisser à l'Odéon un comité de lecture, c'est supposer que nous ne savons pas lire : eh! bien, que les membres du comité de lecture se chargent d'étudier, d'apprendre, de représenter les pièces, et nous nous chargerons de les juger. » Cette plaisanterie m'a paru excellente. Qu'y aurait-il de plus comique dans le monde que de vous voir jouer le rôle de Brid'-Oison dans le Mariage de Figaro?

Mais il me semble que je parle trop longtemps en mon propre nom, et que j'aurais dû laisser parler ou écrire M. Mercier, qui écrit et parle beaucoup mieux que moi. Eh! quoi, m'a-t-il dit, lorsque je lui ai montré votre seconde lettre : Un comité de lecture à l'Odéon! qu'est-ce que cela veut dire? Un comité révolutionnaire m'a fait incarcérer sous le règne de la terreur, et maintenant que nous sommes sous le règne de la justice, un comité de lecture ne veut pas qu'on joue nos pièces! Vous et moi, mon cher Palmézeaux, nous serons donc toujours poursuivis par des comités. J'avais fait dernièrement une Maison de Socrate, en cinq actes en prose, drame qui ne vaut guères mieux que ma Maison de Molière : ma Maison de Socrate est tombée par hasard entre les mains de ce comité de lecture, et les membres de ce comité ont fait écrire sur leur registre des délibérations qu'il fallait que ma pièce, pour n'être pas sifflée, fût mise en trois actes. Eh! morbleu, j'aime mieux être sifflé en cinq actes, que d'être applaudi en trois par les membres du comité. Je ne connais qu'un juge des pièces de théâtre, bonnes ou mauvaises, c'est le Public, et quand je suis condamné par les décemvirs, c'est toujours au peuple que j'en appelle. Le Peuple est toujours juste et les comités ne le sont jamais.

Répondez-moi d'ailleurs, mon cher Palmézeaux, nos pièces ont déjà été imprimées et représentées plusieurs fois : et lorsqu'on ove par exemple la Phèdre, de Racine, qui a aussi été représentée et imprimée, y a-t-il au théâtre Français un comité de lecture qui relise la Phèdre de Racine, et qui dise que Phèdre, belle-mère incestueuse, offre aux spectateurs le plus mauvais exemple; qui dise que le nœud de cette tragédie est puérile, puisqu'il est fondé sur une épée qu'on enlève à un enfant, et que le dénouement est aussi invraisemblable que déplacé? Non, vraiment, les Comédiens français font disparoître tous ces défauts par le charme de leur diction; et pourquoi ne veut-on pas que les Comédiens de l'Odéon en fassent de même pour nos pièces?

Je crois entrevoir le nœud de tout cela, mon cher Palmézeaux, et je vais essayer de vous le dire: nous avons vous et moi rendu hommage au grand Molière, vous dans la Mort de Molière, et moi dans la Maison de Molière. Molière a été persécuté après sa mort, puisque sa veuve a été obligée de donner beaucoup d'argent pour le faire enterrer, et pour empêcher même qu'on ne le déterrât. Molière avait été persécuté de son vivant par un premier président, qui ne voulait pas qu'on jouât le Tartufe. Est-ce que ce premier président revivrait dans monsieur Simon, l'Avocat? Est-ce que monsieur Simon, l'Avocat, serait un petit-fils ou arrière-petit-fils de ce premier président? et qu'il ne voudrait pas que nous rendissions un hommage public à Molière, parce qu'il est l'ami de quelques tartufes modernes? Hélas! que les grands hommes sont malheureux!

Molière est mort depuis environ cent cinquante années : Cailhava, de l'institut, a fait en son honneur des ouvrages admirables, tous les hommes honnêtes ont suivi l'exemple de Cailhava, et un seul homme, petit-fils d'un premier président, vient après cent cinquante ans, souiller nos tableaux dramatiques de son souffle religieux, pour empêcher qu'on ne rende un faible hommage à une cendre muette et qu'on ne jette comme dit le docteur Yong, auteur des Nuits, un peu de poussière sur un peu de poussière. Molière n'était point aussi dévot que monsieur Simon, je l'avoue, mais pourquoi monsieur Simon ne veut-il pas que nous soyons dévots à notre manière ? Molière est notre dieu en littérature, permis à monsieur Simon de choisir Fréron ou G.......

Mais il me semble que je me fâche, mon cher Palmézeaux, et certes j'aurais bien tort, car jamais je ne me suis fâché de rien ; imitez-moi, et rions de tout ceci. Il y a m'a-t-on dit dans le comité de lecture un convive aimable qui a fait *l'Almanach des Gourmands*, livre qui a eu bien plus de succès que tous nos drames, invitons le à venir dîner avec nous, ainsi que tous ses collègues du comité de lecture ; invitons surtout l'Auteur de *l'Almanach des Gourmands*, à nous présider, c'est-à-dire à devenir notre architriclin ; invitons le comme président à faire un joyeux auto-dafé de son gros registre des délibérations, et si M. Simon l'avocat veut être des nôtres, qu'il apporte autant de bouteilles de vin qu'il a voulu faire rayer de lignes dans nos ouvrages.

Tel a été le langage de M. Mercier, et tel est le mien, M. Simon, ainsi donc si nous brûlons votre cher registre des délibérations nous brûlerons en même temps la lettre que vous m'avez sommé de vous rendre, et celle-ci que je vous somme de recevoir.

J'ai l'honneur de vous saluer, Monsieur le Secrétaire, car j'écris au Secrétaire, et non pas à l'Avocat, j'ai, dis-je, monsieur le Secrétaire l'honneur de vous saluer avec infiniment d'estime, de considération et de respect,

COUPÉ-PALMÉZEAUX.